PEDRO BANDEIRA

O Pintinho do Vizinho

Ilustrações: Andréia Vieira

2ª edição

Biblioteca Pedro Bandeira
Risos e rimas

MODERNA

1ª edição 1995

MODERNA

COORDENAÇÃO EDITORIAL	Maristela Petrili de Almeida Leite
EDIÇÃO DE TEXTO	Carolina Leite de Souza
COORDENAÇÃO DE PRODUÇÃO GRÁFICA	Dalva Fumiko
COORDENAÇÃO DE REVISÃO	Elaine Cristina del Nero
REVISÃO	Patrícia Murari
COORDENAÇÃO DE EDIÇÃO DE ARTE	Camila Fiorenza
ILUSTRAÇÕES DE CAPA E MIOLO	Andréia Vieira
PROJETO GRÁFICO	Moema Cavalcanti, Silvia Massaro
DIAGRAMAÇÃO	Cristina Uetake, Vitória Sousa
COORDENAÇÃO DE *BUREAU*	Américo Jesus
TRATAMENTO DE IMAGENS	Pixart, Fabio N. Precendo
PRÉ-IMPRESSÃO	Alexandre Petreca, Everton L. de Oliveira Silva, Hélio P. de Souza Filho, Marcio H. Kamoto
COORDENAÇÃO DE PRODUÇÃO INDUSTRIAL	Wilson Aparecido Troque
IMPRESSÃO E ACABAMENTO	EGB - Editora Gráfica Bernardi Ltda.

Dados Internacionais de Catalogação na Publicação (CIP)
(Câmara Brasileira do Livro, SP, Brasil)

Bandeira, Pedro
O pintinho do vizinho / Pedro Bandeira ; ilustrações Andreia Vieira. — 2. ed. — São Paulo : Moderna, 2012. — (Risos e rimas)

ISBN 978-85-16-07499-9

1. Literatura infantojuvenil. I. Vieira, Andreia. II. Título. III. Série.

11-14259 CDD-028.5

Índices para catálogo sistemático:
1. Literatura infantil 028.5

EDITORA MODERNA LTDA.

Rua Padre Adelino, 758 - Belenzinho
São Paulo - SP - Brasil - CEP 03303-904
Vendas e Atendimento: Tel. (11) 2790-1300
Fax (11) 2790-1501
www.modernaliteratura.com.br
2012
Impresso no Brasil

Dedico este livro à minha querida sobrinha-neta Victoria.

Vou contar pra você
uma história de galinha.
Você gosta de cantar?
Sabe esta musiquinha?

A Galinha do Vizinho
bota ovo amarelinho!
Bota um, bota dois,
bota três, bota quatro,
bota cinco, bota seis,
bota sete, bota oito,
bota nove... bota dez!

Mas será que a Galinha do Vizinho
bota mesmo ovo amarelinho?
Bota nada!
Galinha bota ovo bem branquinho.
Pois foi isso que a Galinha do Vizinho fez.
Botou um ovo bem branquinho,
sentou em cima e...

A Galinha do Vizinho
choca ovo direitinho!

Mas não vá fazer que nem a galinha
e sentar em cima de nenhum ovo, hein?
Senão você esmaga o ovo,
fica com a calça toda suja
e ainda por cima todo mundo vai dizer
que você fez cocô amarelo nas calças,
com casca e tudo!

O nenê pequenininho
faz cocô amarelinho!

Sem quebrar nada,
a Galinha do Vizinho sentou
e esquentou o ovo até
o Pintinho ficar sufocado de calor
e resolver sair logo pra fora.

Ufa, ufa,
que calor!
Nasce logo,
por favor!

E como o Pintinho não tinha
nada pra fazer lá dentro do ovo,
resolveu nascer
de uma vez por todas.

Pic, pic,
pec, pec,
tlec, tlec...

Craaac!

A casca do ovo se partiu
e lá de dentro foi saindo
um lindo Pintinho do Vizinho!

O Pintinho do Vizinho
já nasceu amarelinho!

O Pintinho do Vizinho
era amarelinho
e era tão jeitoso
que a Galinha do Vizinho
ficou muito feliz da vida.
Tão feliz que tratou logo
de procurar grãozinhos
para o Pintinho do Vizinho,
minhoquinhas para
o Pintinho do Vizinho,
milhinhos para
o Pintinho do Vizinho.

Come tudo, direitinho,
pra crescer bem rapidinho!

O Pintinho do Vizinho
já nasceu sabendo comer.
E foi comendo e passeando
pelo galinheiro,
conhecendo tudo e sendo conhecido
pelos outros habitantes do lugar.
A Galinha do Vizinho vivia
orgulhosa com o seu filho.
Tão orgulhosa que até
o seu cacarejar era orgulhoso:

– Ca-cará-cacá!
– Qué-queré-qué-qué!
– Qui-quiri-qui-qui!
– Có-coró-cocó!
Meu Pintinho do Vizinho
vai ser sempre o meu xodó!

Um dia, depois do almoço,
a Galinha do Vizinho
foi tirar uma soneca no poleiro.
Sonecou, dormitou, acordou e olhou:

– Cadê o Pintinho do Vizinho?

Tinha desaparecido,
com todas as suas penas!
A Galinha do Vizinho botou
as asas na cabeça, desesperada:

– Cadê o meu filhinho?
Cadê o Pintinho do Vizinho?

Coitada da Galinha do Vizinho!
Procurou feito uma doida,
correu todo o galinheiro,
parando só de vez em quando
pra dar uma bicadinha
numa minhoca
ou pra ciscar um pouquinho
à procura de algum grão
perdido pelo caminho.

Já estava cansada,
quando encontrou
um Franguinho do Vizinho,
muito simpático.

– Franguinho do Vizinho,
cadê o meu Pintinho?

– Pintinho? Que Pintinho? –
perguntou o Franguinho do Vizinho.

– Um assim, amarelinho...

– Amarelinho? Que amarelinho?

A Galinha do Vizinho viu
que não adiantava insistir
com o Franguinho do Vizinho.
Despediu-se educadamente
e continuou a procurar.

Foi aí que um velho Peru do Vizinho,
experiente e muito vivido,
que já havia escapado
de duas ceias de Natal
e na certa escaparia mais uma vez,
pois já estava velho
e com a carne dura,
chegou-se para perto
da Galinha do Vizinho:

– Senhora Dona Galinha do Vizinho,
a senhora está procurando
o seu Pintinho, não está?

A esperança nasceu de novo
no coração da Galinha do Vizinho.
Será que o velho Peru do Vizinho
sabia onde estava o seu Pintinho?

– Estou procurando, sim, Peru do Vizinho! –
cacarejou aflita a Galinha do Vizinho.
– O senhor viu o meu Pintinho?

– Vi, sim, senhora Dona Galinha do Vizinho.
Mas a senhora também viu...

– Eu?!

– Sim, a senhora viu, sim.
A senhora não viu
o Franguinho do Vizinho?

– Vi...

O Peru do Vizinho sorriu
o seu sorriso de peru:

– E a senhora não está
procurando o Pintinho
há muito tempo?

– Estou. Há um tempão!

– Há tanto tempo, que a senhora até
esqueceu que o tempo passa, não é?
Pois fique sabendo que
o Franguinho do Vizinho é o seu
Pintinho do Vizinho que cresceu!

A Galinha do Vizinho quase
desmaiou de felicidade:

– Era ele? Então vou correndo procurar
o Franguinho do Vizinho!

A Galinha do Vizinho correu
pelo galinheiro cheia de esperança.
Mas nada de encontrar
o Franguinho do Vizinho.
Já estava ficando aflita
outra vez, quando encontrou
o Galinho do Vizinho.

**– Galinho do Vizinho,
cadê o meu Pintinho?**
O Pintinho do Vizinho?
O Pintinho Amarelinho?
Que de repente virou
o Franguinho do Vizinho?

Mas o Galinho do Vizinho
estava muito preocupado
em namorar uma
Franguinha do Vizinho,
e nem prestou atenção
às perguntas.

Sem saber mais o que fazer,
a Galinha do Vizinho correu
de volta, à procura
do velho Peru do Vizinho.

– Senhor Peru do Vizinho,
me acuda!
Não consegui encontrar
o Franguinho do Vizinho.
O único que encontrei
foi o Galinho do Vizinho,
mas ele nem quis me responder.
O Franguinho do Vizinho
desapareceu!

O velho Peru do Vizinho
sorriu de novo:

– Não, senhora
Dona Galinha do Vizinho.
O Franguinho do Vizinho
não desapareceu.
O tempo passou, e ele cresceu.
O Galinho do Vizinho que a senhora
encontrou, era o Franguinho do Vizinho,
que já foi o Pintinho do Vizinho!

– O Galinho do Vizinho!
– exclamou a Galinha do Vizinho.
– Encontrei o meu filhinho!
Vou atrás dele!

Procurou que procurou,
mas não viu nem sombra
do Galinho do Vizinho.
Já estava ficando nervosa
quando encontrou
o GALO DO VIZINHO
com todas as letras maiúsculas.

– Senhor Galo do Vizinho,
cadê o meu Pintinho?
Cadê o meu filhinho?
Cadê o Pintinho do Vizinho?
Cadê o Franguinho do Vizinho?
Cadê o Galinho do Vizinho?

O Galo do Vizinho nem ligou.
Estava subindo
no poleiro mais alto
para cocoricar o seu cocorico,
que era um cocorico e tanto.

Desta vez, a Galinha
do Vizinho desanimou.
Subiu no poleiro mais baixo
e ficou suspirando
suspiros de galinha.

Lá de longe, o velho Peru do Vizinho
viu que a coisa não estava boa.
Com dificuldade,
por causa do reumatismo,
arrastou suas penas
para perto da Galinha desconsolada.

– E então, senhora
Dona Galinha do Vizinho?
Encontrou o Galinho do Vizinho?

– Encontrei nada! –
respondeu a Galinha do Vizinho.
– Só encontrei o Galo do Vizinho,
que só pensa em cocorico.
Meu filhinho desapareceu
para sempre!

– Nada disso! –
falou o Peru do Vizinho.
– Acontece que o tempo
passou outra vez.
O seu Pintinho do Vizinho
virou Franguinho do Vizinho,
que virou Galinho do Vizinho
e agora virou... o Galo do Vizinho!

– O Galo do Vizinho? É o meu filho?

– Isso mesmo, senhora
Dona Galinha do Vizinho!

A Galinha do Vizinho
levantou os olhos
para o poleiro mais alto:
lá estava o GALO DO VIZINHO,
com todas as letras maiúsculas.

– O meu Pintinho! –
sussurrou emocionada
a Galinha do Vizinho.
– Como está grande!
E que lindo
que ele está!

Naquele momento,
o Galo do Vizinho
olhou para o céu.
Olhou e viu que o Sol
se preparava para nascer.
Olhou firme, esticou o pescoço...
e cocoricou!
No galinheiro, em toda a redondeza,
todos ouviram aquele cocorico alto,
bonito, orgulhoso,
que acordava os dorminhocos
e chamava a Natureza
para produzir um novo dia!

Acordou o dorminhoco,
que dormia bem calminho,
pois o canto foi ouvido
lá na casa do vizinho.

Acontece que o Vizinho
sou eu mesmo, sim senhor.
Minha casa fica perto,
moro ao lado do cantor.

Acordei bem acordado
e a isso tudo assisti.
E assim mesmo, de pijama,
esta história eu escrevi.

Desse jeito, alegremente,
vim contar para você,
que ainda é bem pequeno,
mas é esperto como o quê.

Esta história, você viu,
nada tem com as galinhas.
Você bem que percebeu
que assim são nossas mãezinhas...

Nunca notam, coitadinhas,
elas nem querem saber,
que criança é ser pequeno,
mas não para de crescer!

Com o amor da sua mãe,
isso eu digo que a você,
ela sempre há de dizer:
– Meu querido! Meu bebê!

Eu agora vou embora,
mas eu fico ao seu dispor,
pois eu sou pra todo o sempre
seu criado, o Autor!

© EDUARDO SANTALIESTRA

Meu nome é Pedro Bandeira.

Nasci em Santos, em 1942, e mudei-me para São Paulo em 1961. Cursei Ciências Sociais e desenvolvi diversas atividades, do teatro à publicidade e ao jornalismo.

A partir de 1972 comecei a publicar pequenas histórias para crianças em publicações de banca até, desde 1983, dedicar-me totalmente à literatura para crianças e adolescentes. Sou casado, tenho três filhos e uma porção de netinhos.

O pintinho do vizinho é minha homenagem a todas as mamães, porque mamãe é assim: sempre acha que a gente é pequeno demais pra isso, pequeno demais praquilo, e nem desconfia que o tempo passa, que a gente está crescendo a cada dia e, a cada momento que passa, a gente está deixando de ser criança. Logo, logo, você vai estar grande, vai virar adulto, mas a sua mamãe sempre vai achar que você é "o meu pequeno", "o meu bebê". Ora, deixe ela achar, não é?

Para conhecer melhor o Pedro Bandeira, acesse o *site* www.bibliotecapedrobandeira.com.br